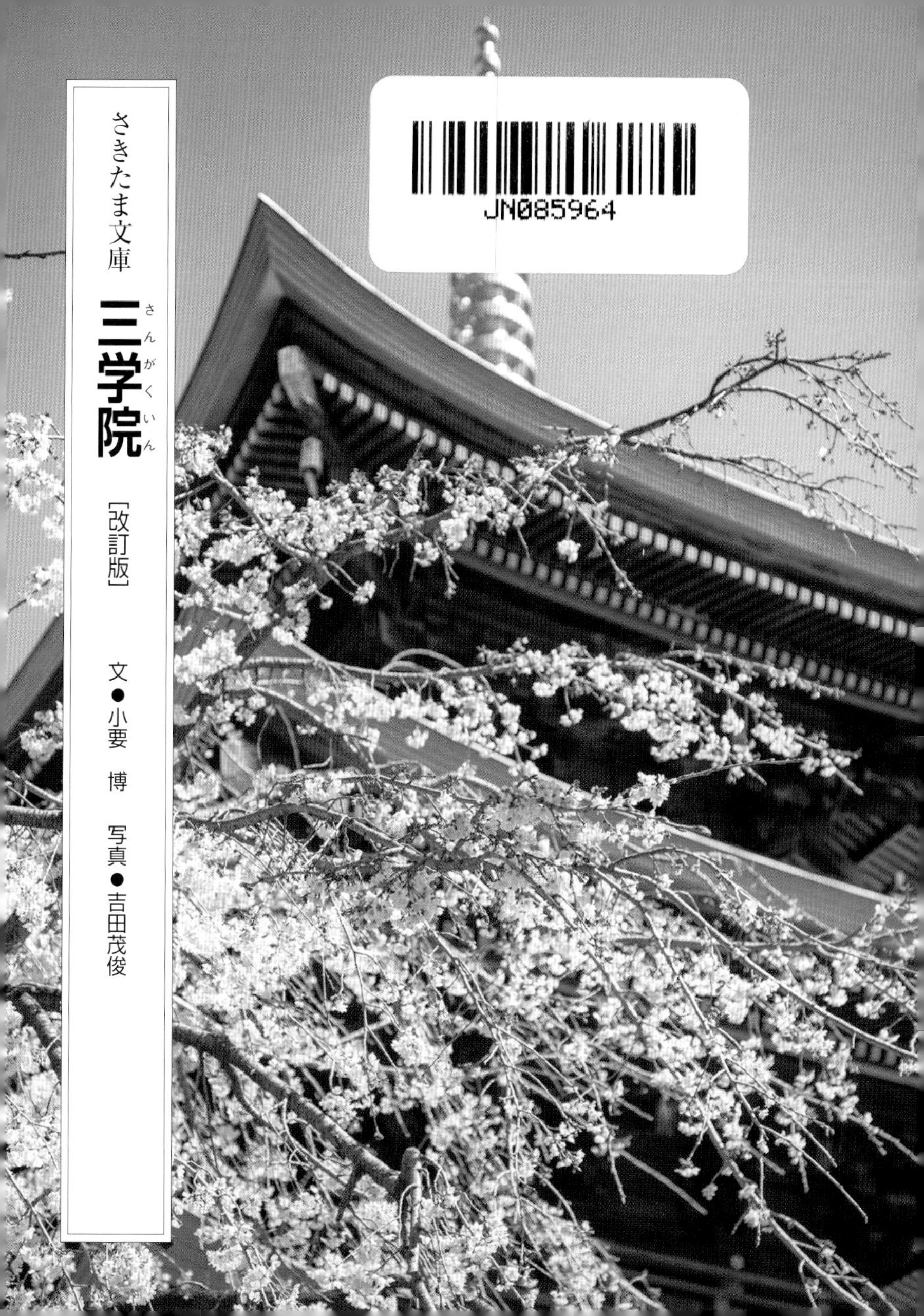

さきたま文庫

三《さん》学《がく》院《いん》

［改訂版］

文●小要 博

写真●吉田茂俊

金亀山極楽寺三学院

蕨市は、埼玉県の東南部に位置し、面積が五・一〇平方キロの日本一小さな市である。蕨という地名は、南北朝時代初期の観応《かんおう》三年（一三五二）渋川直頼《しぶかわただより》譲状写（『賀上《かがみ》家文書』）に、「蕨郷上下」とあるのが初見である。以後、渋川氏、ついで後北条氏の支配地として存続した。徳川氏が天下をとった近世以後になると、中山道の宿場町として栄え、近代以降は、綿織物業の町として、知られているところである。

蕨市にある名刹三学院は、市の北西部に位置している。

ＪＲ京浜東北線蕨駅西口より、駅前通りを西に一四〜五分進み、旧中山道を右に折れ、さらに三〜四分進むと、右側に「地蔵の小径《こみち》」と書かれた石柱が現れる。

その道を右に折れると、総門が建っている。総門の前には寺標をはじめとして、梵字馬頭観音塔《ぼんじばとうかんのんとう》、鋪石《しきいし》供養塔、弘法大師供養塔などがある。

総門をくぐり参道を行くと、右に地蔵堂が見える。これは平成一三年に建立されたもので、近隣にも知られ、多くの人々に親しまれている子育《こそだて》地蔵、目疾《めやみ》地蔵、六地蔵が納められている。

参道をさらに進み、三学院で最古の建造物である仁王門をくぐり境内に入る。境内の右手には、水舎《みずや》、阿弥陀堂《あみだどう》、不動堂、弁天堂、玄奘《げんじょう》三蔵堂舎利殿、さらには戦没者を供養する平和観音像などがあり、内卵塔《うちらんとう》、外卵塔《そとらんとう》と呼ばれている墓地がその右側に広がっている。

正面には本堂が見え、その左には客殿、ついで後ろには庫裡《くり》、書院、中庭、茶室などが続いている。

●**内卵塔と外卵塔** 内卵塔は「参り墓」、外卵塔は「埋め墓」であり、両墓制の名残といわれている。

本堂／鉄筋コンクリート造り二階建てで昭和 46 年（1971）に建立された

総門／明治 26 年（1893）に建立された総欅造りの門

左手には鐘楼、長屋門、三重塔、極楽殿斎場などがある。

本堂の裏には、奥庭、弁天池、昭和初期の建造物である書院、茶室などが配置されている。また本堂の前には、芍薬、蓮、桜、牡丹、藤など多くの花々が季節ごとに花を咲かせ、寺を訪れる多くの人の目を楽しませている。

平和観音像

地蔵堂

水舎／昭和 57 年（1982）に建立されたもので、三学院の山号に関係する金色の亀が置かれている

弁天堂

客殿／埼玉県知事の応接間であったが戦後移築された

不動堂

長屋門

鐘楼

茶室

三重塔　開山一千年記念として
平成 10 年 10 月 10 日落慶

平成 20 年に完成した阿弥陀堂

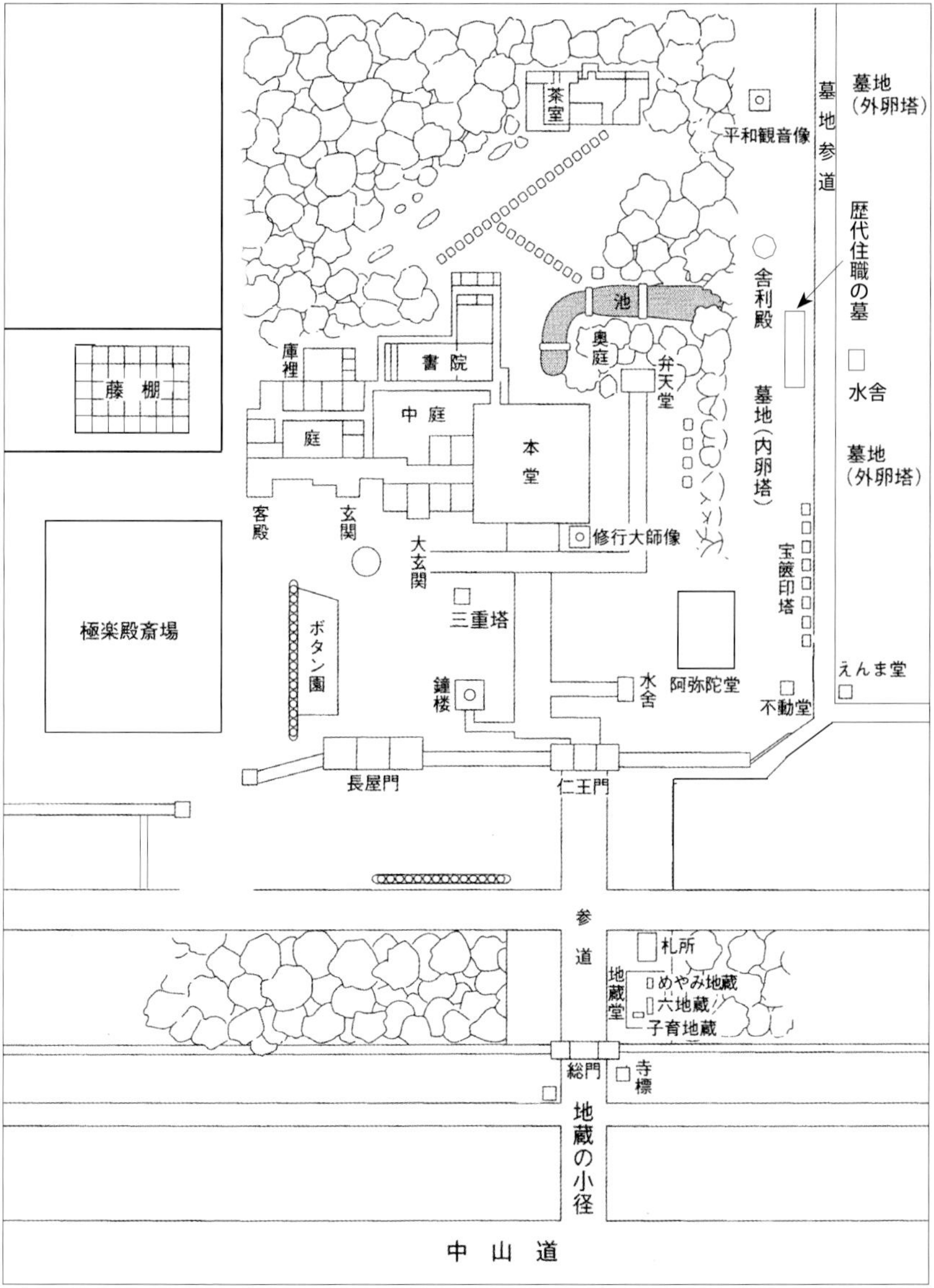
茶室
平和観音像
墓地参道
墓地
(外卵塔)
歴代住職の墓
舎利殿
池
奥庭
弁天堂
水舎
墓地
(内卵塔)
墓地
(外卵塔)
庫裡
書院
藤棚
中庭
庭
本堂
客殿
玄関
大玄関
修行大師像
宝篋印塔
三重塔
極楽殿斎場
ボタン園
鐘楼
水舎
阿弥陀堂
不動堂
えんま堂
長屋門
仁王門
参道
札所
地蔵堂
めやみ地蔵
六地蔵
子育地蔵
総門
寺標
地蔵の小径
中山道

三学院の歴史

三学院は新義真言宗智山派京都智積院《ちしゃくいん》の末寺で、金亀山《こんきさん》極楽寺三学院という。もとは京都醍醐寺三宝院の末寺であったが、明治一七年（一八八四）に智積院の末寺となった。

寺伝によれば、三学院は、平安時代の中期の長徳四年（九九八）に開山したといわれている。これ以後鎌倉時代から戦国時代については不明であるが、一説には、三学坊と称する修験の寺であったともいわれている。

三学院を再興し、開祖といわれているのが宥盛《ゆうせい》である。宥盛は、関東の真言宗を発達させた印融《いんにゅう》の法脈を継承し、徳川家康の帰依を受けた人物であった。

宥盛以後も寺勢をのばし、江戸時代を通して関東七箇寺として重きをなし、さらには関東の学問寺である関東十一談林として著名であり、多くの学僧が集まり、優れた僧侶を輩出した。

三学院には、明暦から寛文（一六五五～七三）にかけ、三学院第五世住職の隆《りゅう》敞《しょう》が中心となって出版した『三教指帰《さんごうしいき》』

本堂入口

●**三学院**　三学とは、戒《かい》、定《じょう》、慧《え》をいい、戒は、悪を止め善を修すること、定は、精神を統一し敬念を払うこと、慧は煩悩を断ち一切の真実を見極めることであり、仏道修行の基本的な条件を示す言葉である。

●**関東七箇寺**　川口の錫杖寺、忍の一乗院、倉田の明星院ほか。

●**関東十一談林**　明星院、高尾山ほか。

●**三教指帰**　真言宗の開祖空海が、延暦一六年（七九七）に著したもので、儒、道、仏の三教を対話形式で比較し、仏教を最もすぐれたものとしている。

本堂入り口に掛かっている「三学」の扁額

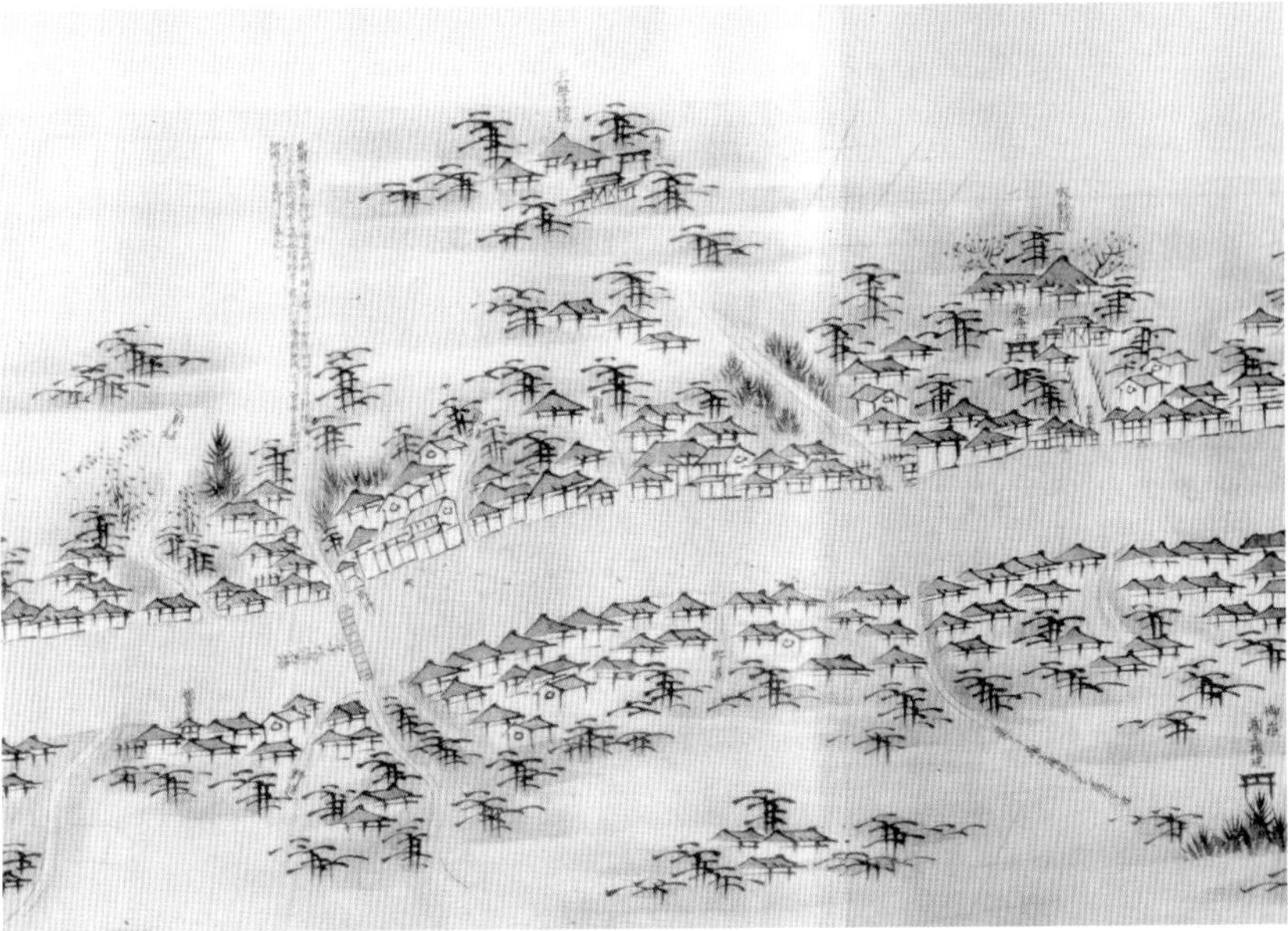

『中山道分間延絵図』に描かれた蕨宿と三学院（中央上方）

全七巻の三学院版が残されている。江戸時代に三学院が学問寺として活動していた一端を示すものとして注目される。

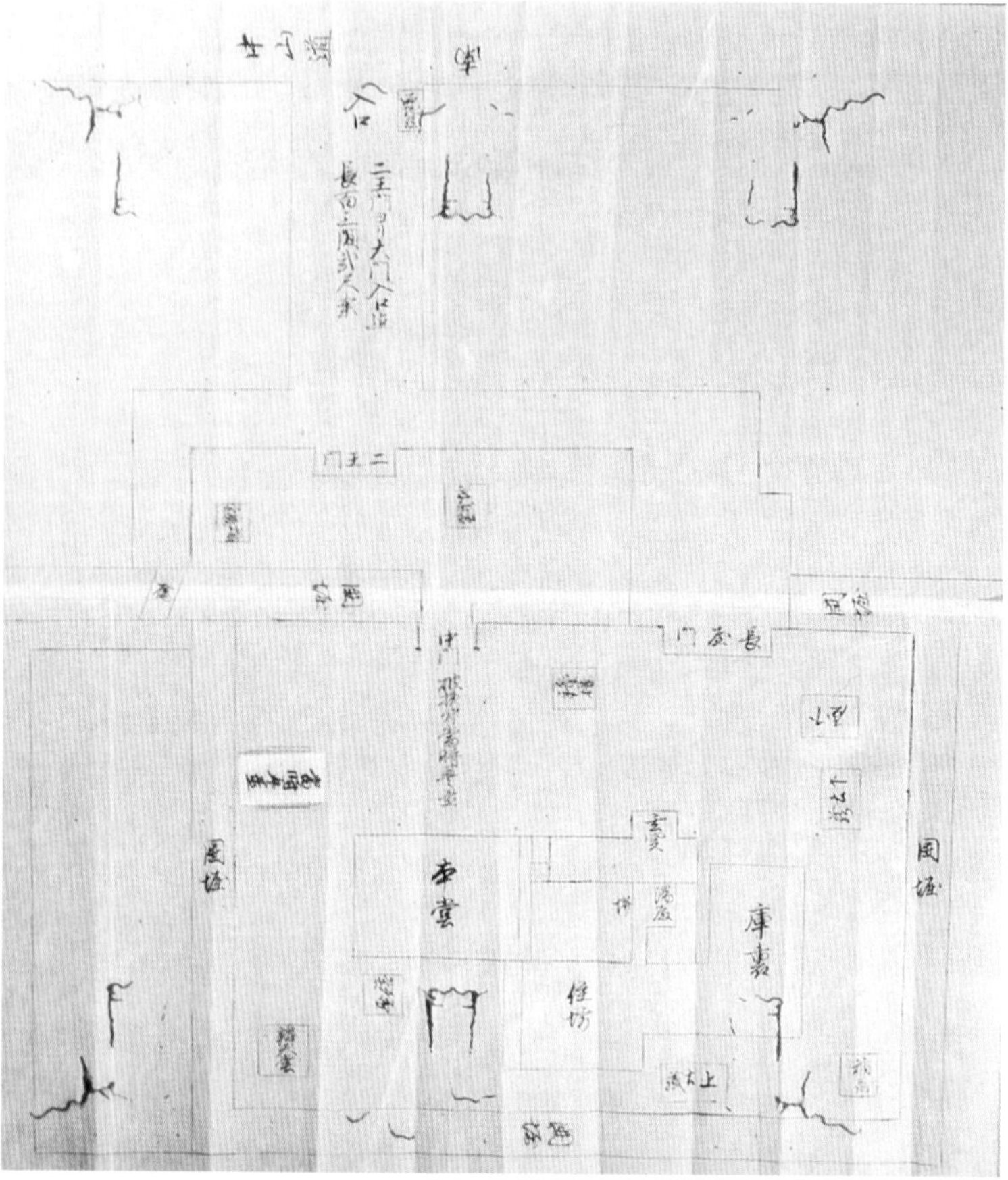

天保 12 年（1841）ころの境内配置図

三学院の伽藍も次第に整備され、寛文年間から元禄年間（一六六一～一七〇四）までには大体できあがっていたと思われる。しかし、これ以後、享保一〇年（一七二五）をはじめとして度重なる火災の被害にあっており、仁王門のみが江戸初期のものといわれている。

また寛政三年（一七九一）の「武蔵国新義真言宗本末門徒帳」などによると、江戸時代を通じての三学院の末寺および門徒寺は、二カ国三一ヵ寺を数えている。

●**『新編武蔵国風土記稿』** 江戸時代後期に徳川幕府が編さんした武蔵国に関する地誌、郡村別に地理や歴史が詳しく記されている。

●**論議** 問答によりものの理非を明らかにしようとすること。

●**能化** 一宗派の長老または学頭のこと。

歴代の住職

三学院の歴代の住職については、享保一〇年（一七二五）四月に発生した火災で、同院所蔵の多くの古記録類が消失したため、名前を含め、その詳細は不明である。

三学院に現在所蔵されている天保四年（一八三三）三月付けの「御由緒等書上帳」および、天保一〇年正月付けの「当院住職代々実名等取調書」や、『新編武蔵国風土記稿』などによれば、三学院の開山は賢広と記されており、それ以前の記述はない。しかし、この賢広も、慶長の末年に死亡したと記されているだけである。

三学院中興の開山とされている宥盛は、博学の僧であり、天正年中に徳川家康が行った論議に参加し、その褒美《ほうび》として論壇を執行する許可を与えられ、大僧正に任命されている。宥盛は、浦和（さいたま市）の玉蔵院の住職にもなっており、天正一九（一五九一）には、家康より寺領二〇石の寄進と境内地内への不入の権利を受けている。

宥盛以後の三学院の歴代住職は、次頁表の通りである。

一二代住職の義山は、京都智積院の第一二世「能化《のうけ》（長老）」に就任している。第二〇代の等慧と第二四代の住阿は、智積院の「集議席第一座」に、第二二代の宜伝は、「集議席第四﨟」にそれぞれ任命されている。また近年では、第三〇代の先代住職倉持秀峰《しゅうほう》が、智積院第五七代「能化」に、現住の第三一世秀裕住職も智積院の「**集議席第二﨟**」に任命されるなど、多くの高僧が輩出している。

■三学院　歴代住職

令和３年３月３日現在

	《世代》	《住職名》	《和暦(西暦)》	《在任期間》	《備考》
中興	第１世	宥盛和尚	慶長５年(1600年)６月10日示寂	不明	
	第２世	了鑁和尚	寛永17年(1640年)５月12日示寂	不明	
	第３世	宥遍和尚	正保２年(1645年)10月６日示寂	不明	
	第４世	恵秀和尚	延宝２年(1674年)９月21日示寂	不明	
	第５世	隆敞和尚	延宝４年(1676年)４月９日示寂	不明	
	第６世	元朝和尚	寛文12年(1672年)10月14日示寂	13年	
	第７世	宥育和尚	延宝５年(1677年)５月11日示寂	6年	
	第８世	宥與和尚	天和２年(1682年) ８月６日示寂	6年	
	第９世	尊海和尚	宝永８年(1711年)４月８日示寂	4年	
	第10世	朝快和尚	享保元年(1716年)10月８日示寂	4年	
	第11世	秀鑁和尚	正徳６年(1716年)１月３日示寂	5年	
	第12世	義山和尚	享保７年(1722年)７月４日示寂	4年	第12世能化　猊座
	第13世	恢信和尚	享保19年(1734年)３月12日示寂	4年	
	第14世	覚仁和尚	宝永２年(1705年)２月28日示寂	8年	
	第15世	覚遍和尚	寛保３年(1743年)９月24日示寂	20年	
	第16世	観理和尚	寛延元年(1748年)閏10月１日示寂	25年	
	第17世	宜純和尚	宝暦７年(1757年)１月３日示寂	8年	
	第18世	尊慶和尚	安永４年(1775年)９月22日示寂	6年	
	第19世	覚春和尚	明和７年(1770年)４月15日示寂	10年	
	第20世	等恵和尚	寛政２年(1790年)８月20日示寂	15年	集議席　第一座
	第21世	隆恕和尚	文化10年(1813年)９月11日示寂	27年	
	第22世	宜傳和尚	文化11年(1814年)７月12日示寂	5年	集議席　第四臈
	第23世	無為和尚	文化12年(1815年)２月21日示寂	1年	
	第24世	住阿和尚	文政９年(1826年)12月3日示寂	2年	集議席　第一座
	第25世	法傳和尚	嘉永６年(1853年)７月12日示寂	22年	
	第26世	宥傳和尚	明治26年(1893年)４月15日示寂	不明	
	第27世	宥法和尚	明治19年(1886年)１月21日示寂	不明	
	第28世	真興和尚	明治42年(1909年)12月11日示寂	23年	
	第29世	秀憲和尚	大正11年(1922年)５月19日示寂	12年	
	第30世	秀峰和尚	大正11年(1922年)６月23日就任 昭和47年(1972年)３月２日示寂	51年	第57世能化　猊座
	第31世	秀裕和尚	昭和47年(1972年)３月21日就任	51年	集議席　第二臈

※示寂年月日は、亡くなった日のことで、住職を辞した年月日を表したものではない。

朱印状

天正一八年（一五九〇）八月、豊臣秀吉の命令で関東への領地替えとなり、江戸に入った徳川家康は、新領地内の民心掌握の一手段として、有力寺社に対して領地の寄進を盛んに行い始めた。その際に使われたのが、朱印状《しゅいんじょう》であった。

天正一九年一一月付けで、家康より朱印状が発給されており、三学院に「蕨之郷の内弐拾石」を寄進するとともに、同院境内への立ち入りの禁止などを保証するという内容のものであった。

現在、三学院には表（一八頁）のように、初代徳川家康から、第一四代の家茂《いえもち》までの歴代将軍から出された朱印状が、一二通所蔵されており、御朱印箱と呼ばれている木箱に納められている。三学院が所蔵する朱印状は、いずれも正文《しょうもん》（原本）であり、包紙もすべて残されている。

朱印状に用いられた紙は、大高檀紙《おおたかだんし》が主であり、用紙の大きさは、家康のもの（縦三七・三二センチ、横五四・四センチ）を除き、平均で縦四六・〇センチ、横六四・〇センチの大きく立派なものであった。

また、朱印状での用紙の使い方は、「折《おり》紙《がみ》形式」であった徳川家康を除き、すべて「竪紙形式《たてがみ》」であった。

さらに文書に押されている朱印の大きさは、家康のものが最大であり、（縦五・六センチ、横五・七センチ）、その他は五・〇センチ前後で、すべて丸印であった。

朱印に彫られている印文は、家康が「福徳」、秀忠が「忠孝」という言葉を使用しているのに対し、三代将軍の徳川家光以降は、それぞれの実名を使用している。

●**朱印状**　花押の代わりに朱印を押した文書のことで、領地の安堵や寄進を行うときに使用された。六代徳川家宣、七代徳川家継、一五代徳川慶喜のものが見えないが、将軍在職期間などの理由から、発給されなかった。

●**檀紙**　和紙の一種で楮を原料として作られる。

●**折紙**　文書の用紙の略式な用法で、全紙を横に二つに折って用いる。

●**竪紙**　文書の用紙の正式な用法で、全紙を横長に用いる。

御朱印箱

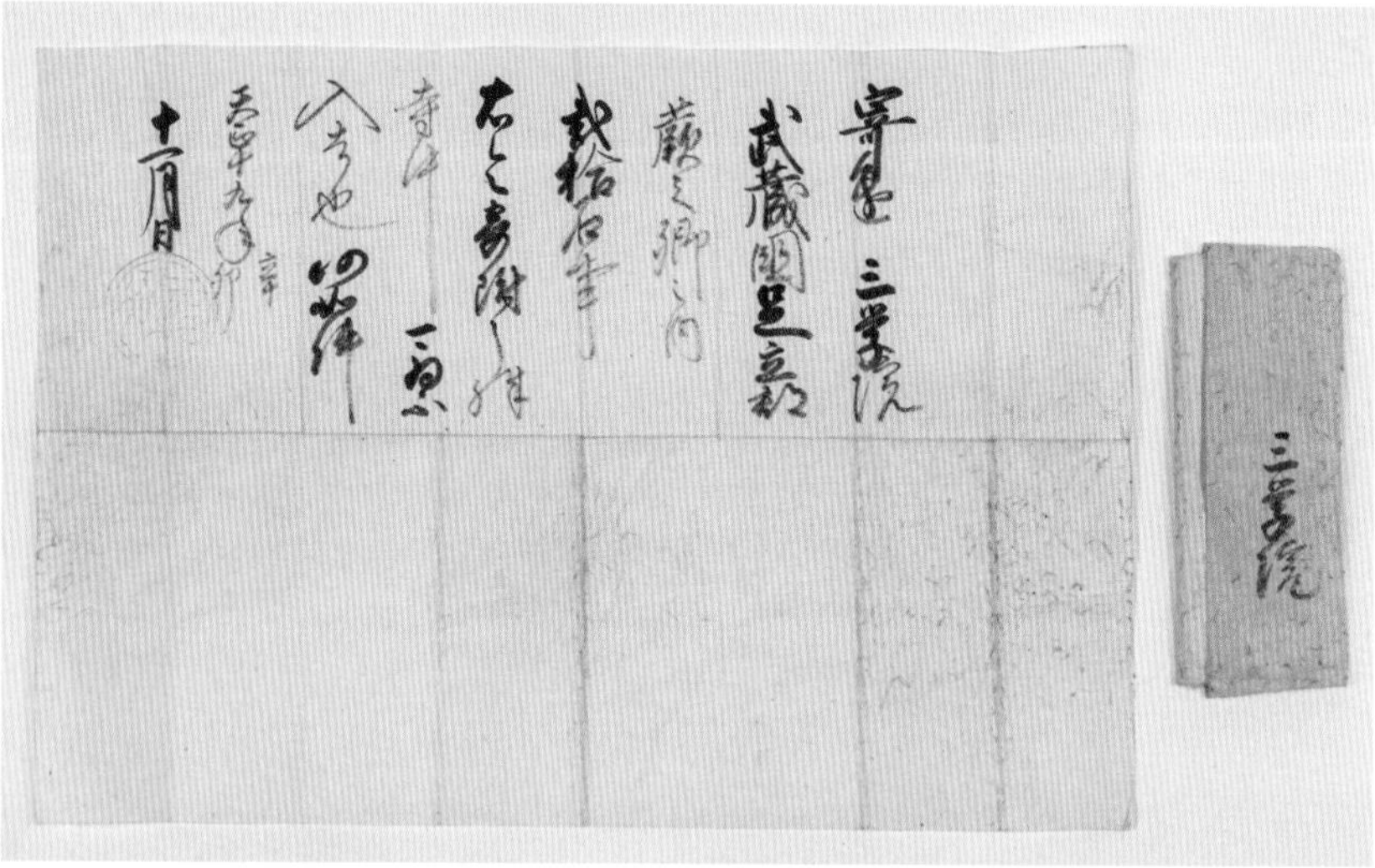

徳川家康の朱印状（折紙形式）

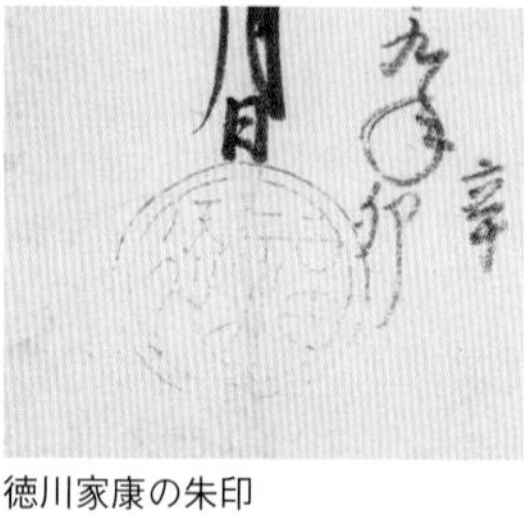

徳川家康の朱印

寄進　三学院
武蔵国足立郡
蕨之郷之内
弐拾石事
右令寄附了、殊
寺中　可為不
入者也、仍如件
天正十九年　辛卯
十一月日（朱印）

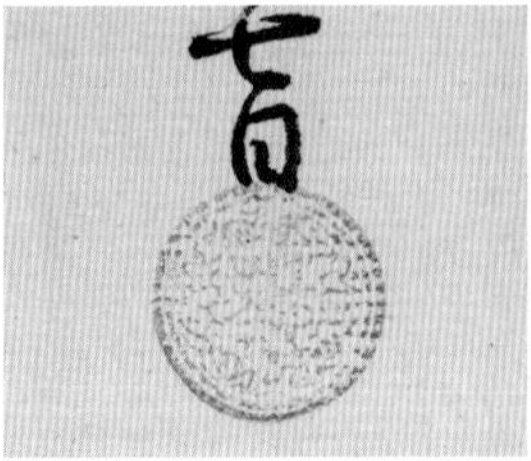

徳川秀忠の朱印状（竪紙形式）と朱印

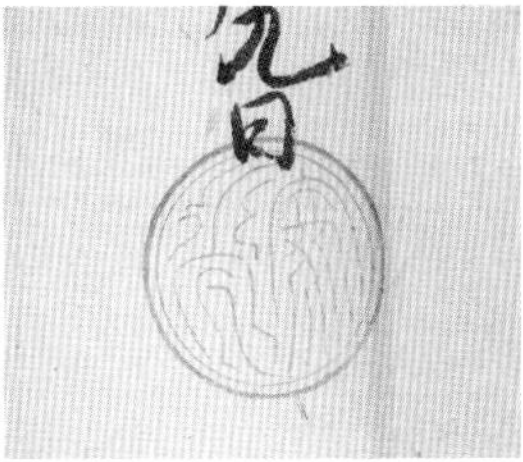

徳川家光の朱印状（竪紙形式）と朱印

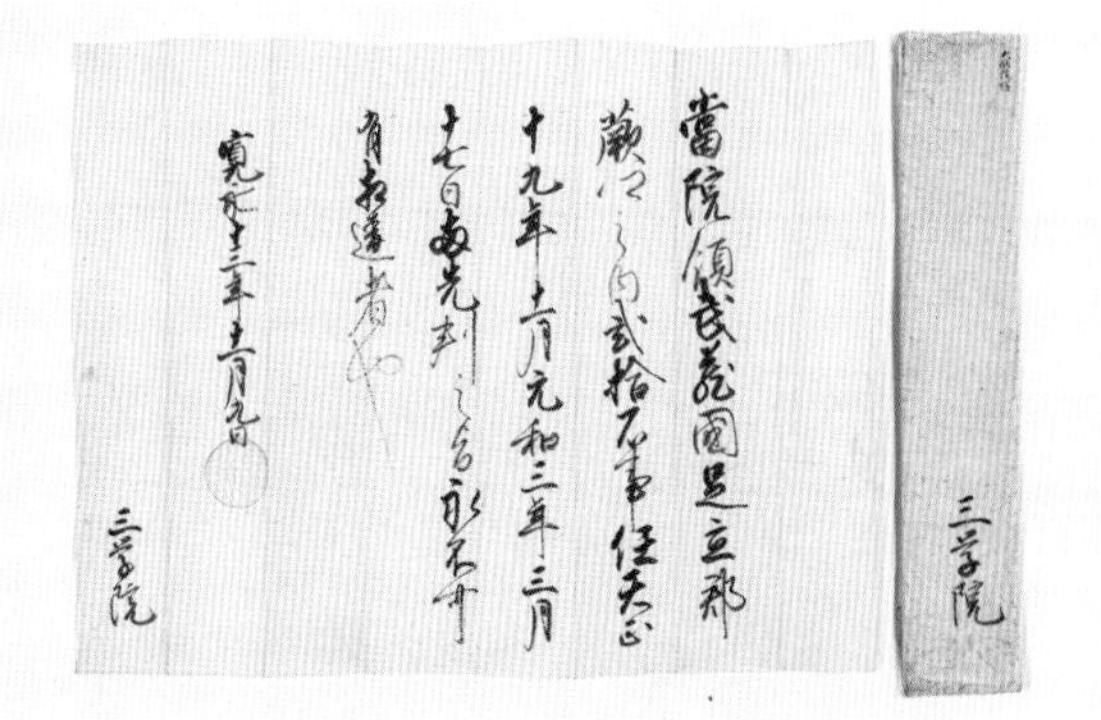

徳川吉宗の朱印状（竪紙形式）と朱印

徳川家茂の朱印

徳川家斉の朱印

■三学院朱印状一覧

	《年　月　日》	《発　給　者》	《印文》	《形式》
1	天正一九（一五九一）・一一	権現様（家康―初代）	福徳	折紙
2	元和　三（一六一七）・　三・一七	台徳院（秀忠―二代）	忠孝	竪紙
3	寛永一三（一六三六）・一一・九	大猷院（家光―三代）	家光	〃
4	寛文　五（一六六五）・　七・一一	厳有院（家綱―四代）	家綱	〃
5	貞享　二（一六八五）・　六・一一	常憲院（綱吉―五代）	綱吉	〃
6	享保　三（一七一八）・　七・一一	有徳院（吉宗―八代）	吉宗	〃
7	延享　四（一七四七）・　八・一一	惇信院（家重―九代）	家重	〃
8	宝暦一二（一七六二）・　八・一一	浚明院（家治―一〇代）	家治	〃
9	天明　八（一七八八）・　九・一一	文恭院（家斉―一一代）	家斉	〃
10	天保一〇（一八三九）・　九・一一	慎徳院（家慶―一二代）	家慶	〃
11	安政　二（一八五五）・　九・一一	温恭院（家定―一三代）	家定	〃
12	万延　元（一八六〇）・　九・一一	昭徳院（家茂―一四代）	家茂	〃

※第六代徳川家宣、第七代徳川家継、第一五代徳川慶喜の朱印状は、将軍在職期間の関係から発給されていない。

三学院の文化財

●**一木造り**　像の本体を一つの木で彫り出す造仏法。

●**寄木造り**　多くの木を寄せ集めて造る造仏法。

◆木造十一面観音菩薩立像

三学院の本尊で、像高は一七六・〇㌢あり、慈覚《じかく》大師の作と伝えられている。一木造《いちぼくづく》り、彫眼《ちょうがん》とし、肉身部は金泥《こんでい》で、法衣部《ほうえぶ》は古色または素地《そじ》のままとなっている。裳裾《もすそ》の尾鰭《おびれ》状の表現などから、平安時代後期の造立と思われる。

なお、頭部と足の先などは江戸時代中期の後補と思われ、享保一〇年（一七二五）の火災との関連が推測される。

◆木造十三仏坐像

これらの像は、江戸時代中期の作で、像高は阿弥陀如来像のみ六・〇㌢で、ほかの像は、四・五㌢である。寄木《よせぎ》造り、玉眼《ぎょくがん》とし、高さ八五・〇㌢の厨子内に四段に安置されている。十三仏は、法事を行う初七日から三三回忌までの一三回の追善供養に、本尊とする一三の仏と菩薩をいう。

◆木造毘沙門天立像

この像は、江戸中期の作で、像高三七・八㌢であり、一木造り、彫眼とし、背全身を黒灰色の漆《うるし》仕上げとしている。

木造十三仏坐像

●**三叉戟**　中国古代の武器の一つで先が三つに分かれている。

●**邪鬼**　わざわいをもたらす悪い神。

面に内刳《うちぐり》（縦一〇・八チセン、横六・一チセン）が施され、金箔《きんぱく》を押した像内に小像を納めている。像は甲冑を身に付け、左手に三《さん》叉戟《さげき》を持ち、邪鬼《じゃき》を踏んだ姿で台座上に立っている。

◆木像阿弥陀如来坐像

この像は、阿弥陀堂に安置され、桧材《ひのき》を用い、割矧《わりはぎ》造り、彫眼《ちょうがん》とし、像高は五二・二チセンである。全体に保存がよく、構造・身部などから定朝様《じょうちょうよう》の典型作であり、平安時代末期の造立と思われる。

◆地獄曼荼羅図

江戸時代の作で、各縦一九二・〇チセン、横一二七・五チセンの大きさのものである。生前に悪業《あくごう》を重ねると、閻《えん》魔《ま》大王《だいおう》により裁かれ地獄に落とされ、恐ろしい責め苦が待っているということへの戒めのために描かれたものである。

本尊　木造十一面観音菩薩立像（蕨市立歴史民俗資料館提供）

毘沙門天立像胎内仏

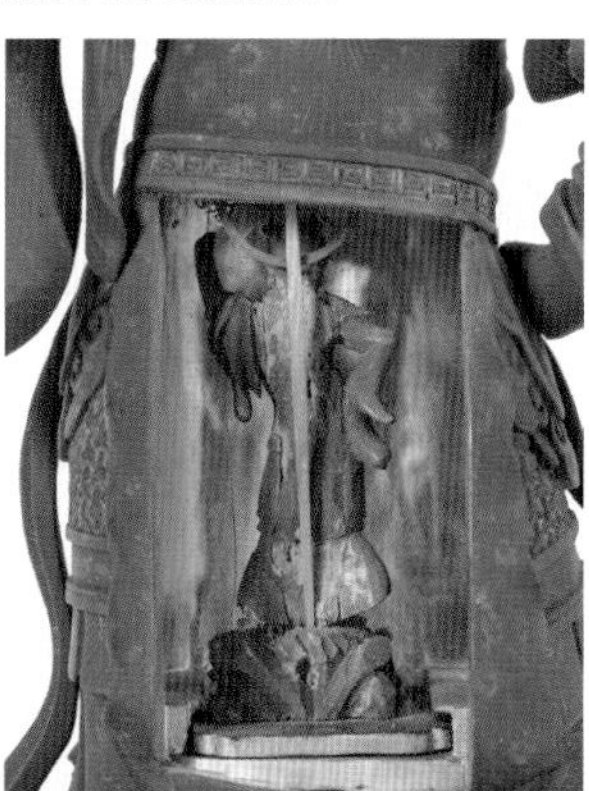

胎内仏を納めた状態

木造毘沙門天立像

木造阿弥陀如来坐像

地獄曼荼羅図（蕨市立歴史民俗資料館提供）

◆**大般若波羅蜜多経**

『新編武蔵国風土記稿』には、三学院所蔵の大般若経として、建保三年（一二一五）一一月日付と、元徳三年（一三三一）六月日付の二本が載っているが、前者のみ残されている。この大般若経（巻一七九）には、

将門末孫右兵衛尉平朝臣常重
建保三年歳次乙亥十一月　日

と奥書されている。このお経の伝来については不明であるが、三学院の末寺で、千葉県にある香取神社の別当寺であった宝金剛寺が関係しているのではないかと推測される。なお、このほかにも多くの聖教類が残されている。

◆**文明一三年銘阿弥陀一尊画像板碑**

三学院内にあるこの板碑は緑泥片岩《りょくでいへんがん》製で、高さが一〇四・〇センチである。文明一三年（一四八一）に彦三郎ら一一人が逆修《ぎゃくしゅ》供養《くよう》の目的で造立したもので、市内唯一の画像板碑である。

◆**子育地蔵**

地蔵堂内にあるこの地蔵尊は、元禄七

年（一六九四）に三学院第一一世住職の秀鑁《しゅうばん》が中心となり造立したものである。高さが二四二・〇センチあり、火伏・子育・関運の霊仏として、多くの人々の信仰を集めている。

子育地蔵

文明 13 年銘阿弥陀一尊画像板碑

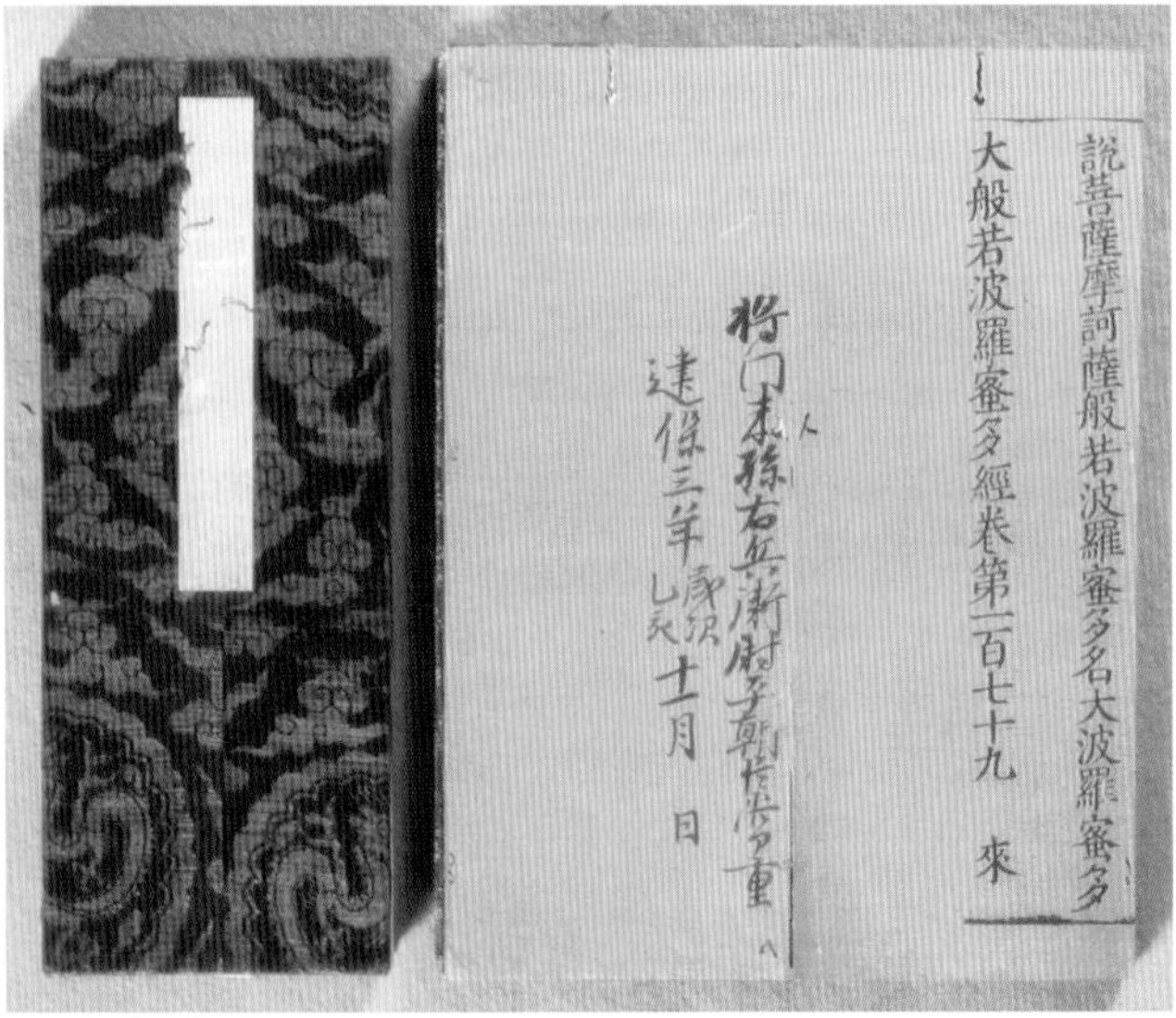

大般若波羅蜜多経

万治元年銘地蔵石仏（目疾地蔵）

◆万治元年銘地蔵石仏

この地蔵尊は、万治元年（一六五八）に一三人の念仏講の人が造立したものである。高さは、一八四・〇センチあり、通称「目疾《めやみ》地蔵」「味噌地蔵」ともいわれ、この地蔵の目に味噌を塗ると「眼病がなおる」とか、「眼病にかからない」などといわれている。

◆梵字馬頭観音塔

総門前にあるこの石塔は、寛政一二年（一八〇〇）に蕨宿の伝馬《てんま》の安全を願い造立されたものである。高さは、一五六・五センチで、梵字で「南無馬頭観音」と刻まれ、基礎には馬の全形が線刻されている。

梵字馬頭観音塔

◆木食観正塔

境内の大型石塔群の中にある木食観《もくじきかん》正塔《しょうとう》は、高さが二七七・〇センチで、鏡形をしている大変珍しい石造物である。観正は、文政三年（一八二〇）に蕨宿に来ており、三学院の住職が導師となり造立したものである。

なお、三学院にはこのほかにも、宝《ほう》篋印塔《きょういんとう》、庚申塔、供養塔、六地蔵など多くの石造物が残されている。

また、蕨宿の出身で幕末の彰義隊《しょうぎたい》の主唱者であった伴門《ばんもん》五郎《ごろう》の記念碑、同じく

●逆修　生前にあらかじめ自分の死後の冥福を祈ること。

●梵字　古代インドの文字で、サンスクリットを記すのに用いる文字。

●木食　米穀を断ち、木の実を食べて修行すること。

宝篋印塔

木食観正塔

六地蔵

幕末に活躍した柳剛流《りゅうごうりゅう》の剣術家岡田十《じゅう》内《ない》（戒名は「剣心無動信士」）の墓石、さらに蕨の近代教育の父というだけでなく、埼玉県においても近代教育の先駆者であった石川直中夫婦の墓碑など、蕨に関係のあった著名人の石造物も多く所在している。

岡田十内墓石

伴門五郎記念碑

石川直中夫人墓碑

石川直中墓碑

足立坂東二十番札所

関東の観音霊場への巡拝は、鎌倉時代に「坂東《ばんどう》三十三ヵ所」が定められて以来盛んとなり、室町時代には「秩父三十四ヵ所」がつくられ、江戸時代に入ると、各地に札所《ふだしょ》が設けられるのにともない、「足立坂東三十三ヵ所」がつくられた。

「足立坂東三十三ヵ所」は、宝永二年（一七〇五）に塚越村（蕨市）の高橋休《きゅう》山《ざん》が、二世《にせ》安楽《あんらく》のため、各寺の寺号・院号をただし、作仏を選び、三十三ヵ所の御詠歌を作ったというものである。

取り上げられたお寺の範囲は、大宮（さいたま市）から始まり、浦和（さいたま市）、川口、戸田、蕨、鳩ケ谷（川口市）、東京都北区に及ぶものであった。一二年ごとの午年《うまどし》の本開帳《ほんがいちょう》、その間にある丑年《うしどし》の中開帳《なかがいちょう》は、今日でも多くの巡拝者でにぎわっている。

三学院は、二十番札所となっており、その御詠歌は、

はなを見よ　ついにこの身は　極楽寺
都卒《とそつ》の峰の　あめのめぐみに

●**札所**　巡拝者が参詣のしるしとして札を納める寺堂のこと。

●**二世**　この世とあの世のこと。

梵字馬頭観音塔（左側面）

●**開帳**　社寺が秘蔵する神仏・霊宝などを、期間限定で一般の人々に拝観させること。

である。三学院の総門の前には、「足立坂東第二拾番　三学院」と刻まれた寛政一二年（一八〇〇）銘の市指定文化財「梵字馬頭観音塔」がある。

　このほかに三学院に関係する霊場巡りとしては、「新四国八十八カ所」、「北足立二十一ヵ所」、「足立十三仏」などがある。

弘法大師供養塔

「新四国八十八カ所」は、「北足立八十八カ所」ともいわれ、江戸時代になって足立郡へ四国の観音霊場を移したもので、埼玉県北足立郡の南部地域を中心に東京都の北部を含む範囲で行われていたものである。三学院はそのうちの三十番であり、総門の前に「新四国八十八ヵ所　第三十番」と刻まれている「弘法大師供養塔」がある。

　次に「北足立二十一ヵ所」は、戸田市を中心に行われていた札所巡りであり、十七番が三蔵院、十八番が長泉院、十九番が三学院であった。

　「足立十三仏」は、与野（さいたま市）から始まり、浦和、戸田、蕨、川口で終わるものであり、三学院は十一番であった。

　いずれも明治時代には盛んに行われていたが、今日ではその名称さえ知られていないほどに衰退しており、三学院でも「足立坂東三十三カ所」以外は、その活動を見ることができなくなっている。

三蔵法師の舎利殿

三学院前住職・倉持秀峰

三蔵《さんぞう》法師は、玄奘《げんじょう》三蔵といい、中国の唐の時代に活動した人である。あらゆる困難を克服して天竺《てんじく》（インド）に入り、仏教の修行をしたのちに唐に帰国、「大般若波羅蜜多経」六〇〇巻などの仏典の翻訳や、学習してきた教学の講義をとおして多くの英才を育成するなどした高僧として知られている。一般には、孫悟空《そんごくう》や沙悟浄《さごじょう》などが活躍する『西遊記』に登場する人物として有名である。

この三蔵法師の霊骨が、昭和一七年（一九四二）に、当時南京《なんきん》に駐屯していた高森部隊による道路の整地作業中に、石棺が偶然発見された。その副葬品などから、三蔵法師の霊骨と確認され、昭和一九年の一〇月に、南京郊外の玄武山《げんぶさん》に建立された塔に、霊骨が納められた。

その際、日本仏教会の代表として玄奘三蔵法師の納骨式に参列していた三学院前住職・倉持秀峰《しゅうほう》に、国民政府から霊骨の一部が贈られた。

玄奘三蔵堂舎利殿

贈られた霊骨は、東京に運ばれ、日本仏教会の本部が置かれていた芝増上寺に安置された。しかし、当時は、アメリカやイギリスなどと戦争中であり、空襲の危険性があったことから、蕨の三学院に一時移された。しかし、戦争状況の悪化にともない、三学院も安全ではなくなったため、三蔵法師が唐の長安に建立した大慈恩寺と関係の深い岩槻(さいたま市)にある慈恩寺に霊骨の一部を奉安した。

第二次世界大戦終了後も三蔵法師の霊骨は、慈恩寺にそのまま安置され続け、昭和二五年(一九五〇)には、同寺に「玄奘塔」が建立された。ついで同三〇年には、三学院より霊骨の一部が台湾に贈られている。

また、戦争中に三蔵法師の霊骨の日本移送に係わった倉持秀峰が住職を務めていた三学院でも、大切に守ってきた霊骨を、平成二年(一九九〇)に本堂東側の地に、「玄奘三蔵堂舎利殿」を建立し、御堂内金亀舎利塔に奉安している。

三学院とむかしばなし

●**火伏せ地蔵**　子育地蔵のこと。

◎火伏せ地蔵さん

北町三丁目に、三学院というお寺がありますが、その赤門の右側に、火伏せ地蔵というりっぱなお地蔵さまがあります。このお地蔵さまには、こんな話があります。

火伏せ地蔵（子育地蔵）

蕨が蕨宿のころのことです。蕨は、中山道をはさんで、南北に帯のように細長く家並みが軒をつらねていましたから、北風や南風が激しく吹くと、ちょっとした火事でもすぐ、大火になってしまうので、町の人たちは、たいへん火事を恐れていました。

ある日、朝から秩父おろしの北風が激しく吹く中、ある桶屋さんに大男のお坊さんが来て、主人に「いそいで、あるだけの手桶をもって地蔵尊の前までとどけなさい」といって去っていきました。桶屋の主人は、早速、手桶を大八車に積めるだけ積んででかけました。すると、すでにほかの桶屋さんも手桶をもって来ていました。

桶屋さんたちが不思議に思っている

と、急にさわがしくなって「火事だ！」と叫ぶ声が聞こえました。そこへさっきのお坊さんが来て「この手桶で水をかけなさい」と、大声で指図しました。火事は、お坊さんの指図がよかったのと、たくさんの手桶があったので、大火にならないでおさまりました。

人々は、桶を返しに元のところに集まりましたが、お坊さんの姿が見えません。そのかわり不思議なことには、お地蔵さんが、全身水にぬれ、灰でよごれて立っていたのです。

さては、あのお坊さんは、お地蔵さまの化身であったのかとそのお慈悲に感動したそうです。それからというもの、火伏せ地蔵さんの前は、いつも人が絶えなかったということです。（後略）

（わらび文庫『わらび昔話』）

◎仁王門のリュウ

昔、三学院に優れたおしょうさんが住んでいました。りっぱな僧だったので、その名が知れ渡り、ついに格式の高い京都の本山に移ることになりました。おしょうさんにとってはたいへんうれしいことだったのですが、住みなれた三学院や蕨の人のあつい情がしみじみと感じられるのでした。

おしょうさんが京都に移ってまもないある晩のことです。枕もとで「三学院が火事です。あぶない、あぶない」と叫ぶ声がします。びっくりして目を覚ますと、美しい若い女が枕もとに立っています。声をかけると、もうその姿はどこにもありません。

おしょうさんは「不思議なこともあるものだ。神のお告げかもしれない。三学院は火事にちがいない」こう思うとじっとしていられず、がばっとはね起きると「みんな起きろ、たいへんだ、三学院が今出火した。水だ、水だ、水をくめ」とどなりたてました。

驚いて起きてきたお坊さんたちを指図して、あらゆる器に水をくませ、本堂に置き、一心に火伏せの祈とうを始めまし

仁王門

た。暗い本堂の中は、祈とうの声だけがひときわ高く響いていました。

ところが不思議なことに、その晩、同じ時刻に三学院では、突然火事が起こり、本堂を焼失するところでしたが、仁王門に彫刻されているリュウの口からさかんに水を噴出し、火を消しとめてくれたので、危うく全焼をまぬがれることができました。

このことがおしょうさんに知らされると、おしょうさんは静かにうなずきながら、「やはりあの晩、火事を知らせてくれた女は、仁王門のリュウだったのか」と語ったということです。

（わらび文庫『わらび昔話』）

＊原文のまま掲載いたしました。

主な行事

1月1日	元朝大護摩供
1月24日	地蔵尊初大護摩供
3月24日〜28日	春彼岸
4月29日	藤まつり
7月31日	盆供
8月13日〜15日	お盆
8月22日	施餓鬼会
8月24日	地蔵尊大護摩供
9月20日〜26日	秋彼岸
12月31日	除夜の鐘

元朝大護摩供

元朝大護摩供

藤まつり

施餓鬼会

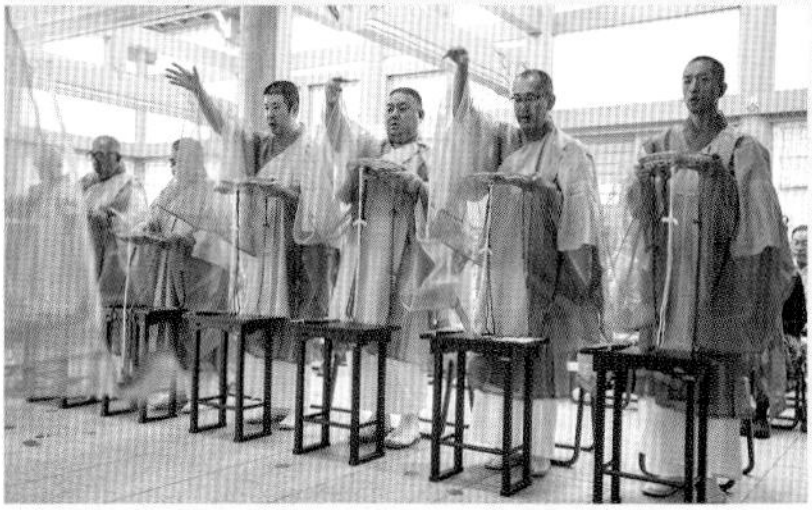

除夜の鐘

地蔵尊大護摩供

三学院への交通案内

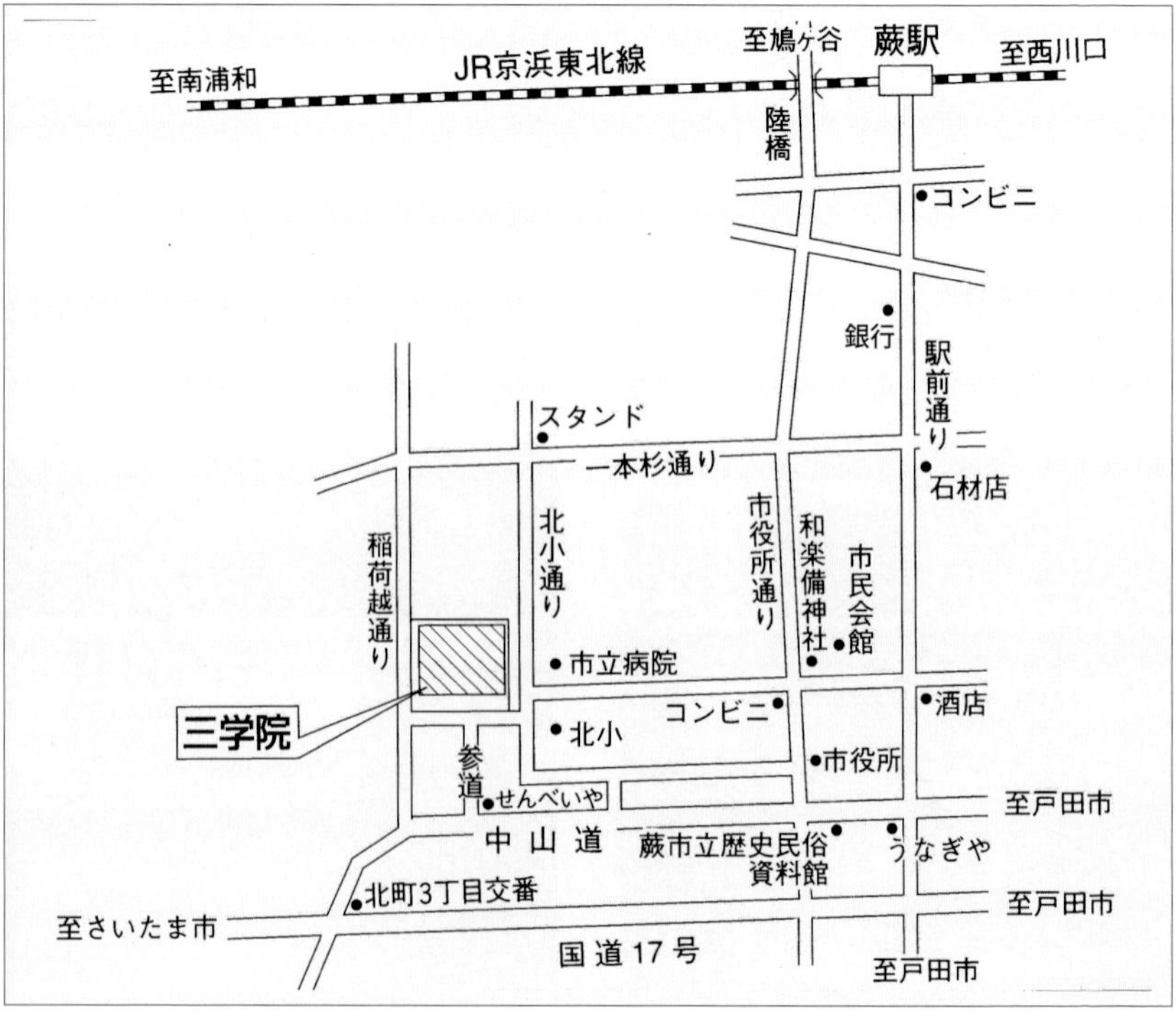
至鳩ヶ谷
蕨駅
至西川口
至南浦和
JR京浜東北線
陸橋
コンビニ
銀行
駅前通り
スタンド
一本杉通り
石材店
稲荷越通り
北小通り
市役所通り
和楽備神社
市民会館
市立病院
三学院
コンビニ
酒店
北小
参道
市役所
せんべいや
至戸田市
中山道
蕨市立歴史民俗資料館
うなぎや
北町3丁目交番
至戸田市
至さいたま市
国道17号
至戸田市